반구대 암각화 이야기

글쓴이 이상목

경북대학교 고고인류학과와 프랑스 니스대학교 인문대학원을 졸업하고, 프랑스 국립자연사박물관에서 선사고고학 박사학위를 받았습니다. 경북문화재연구원과 성림문화재연구원에서 발굴조사를 하였으며 현재 울산암각화박물관 관장으로 재직하고 있습니다.

그린이 이은미

연세대학교 영문학과를 졸업하고, 한국영화아카데미에서 애니메이션 연출을 전공했습니다. 단편 애니메이션 〈In Your Eyes〉와 장편 애니메이션 〈제불찰씨 이야기〉를 연출했습니다. 작품으로 『상사가 없는 월요일』 『프라하』 『철학의 에스프레소』 『나는 바람처럼 자유롭다』 『우리 조상의 유배 이야기』 『장순근 박사가 들려주는 바다 쓰레기의 비밀』 등의 표지 및 삽화 일러스트가 있습니다.

도움을 주신 곳
울산암각화박물관

교과서 한국사 들여다보기 ❸
반구대 암각화 이야기

1판 1쇄 발행 2011년 8월 1일
1판 3쇄 발행 2018년 7월 4일

글쓴이 이상목 | 그린이 이은미
펴낸이 안성호 | 편집 조인성 윤지은 | 디자인 황경실
펴낸곳 리젬 | 출판등록 2005년 8월 9일 제 313-2005-00176호
주소 03999 서울시 마포구 월드컵북로9길 18 2층
대표전화 02-719-6868 팩스 02-719-6262
홈페이지 www.rejam.co.kr 전자우편 iezzb@hanmail.net

ⓒ이상목 ⓒ이은미

* 잘못 만들어진 책은 바꾸어 드립니다.
* 이 책의 무단 복제와 전재를 금합니다.
* 책값은 뒤표지에 표시되어 있습니다.

이 도서의 국립중앙도서관 출판예정도서목록(CIP)은 서지정보유통지원시스템 홈페이지(http://seoji.nl.go.kr)와 국가자료공동목록시스템(http://www.nl.go.kr/kolisnet)에서 이용하실 수 있습니다.(CIP제어번호: CIP2011003088)

ISBN 978-89-92826-54-9 (73450)

제품명: 반구대 암각화 이야기
제조자명: 도서출판 리젬
제조국명: 대한민국 | 전화: 02-719-6868
주소: 서울시 마포구 월드컵북로9길 18 2층
제조일: 2018년 7월 4일 | 사용 연령: 10세 이상
* KC마크는 이 제품이 공통안전기준에 적합하였음을 의미합니다.
⚠ 주의 아이들이 책의 모서리에 다치지 않게 주의하세요.

반구대 암각화 이야기

글 이상목(울산암각화박물관 관장) | 그림 이은미

리젬

차례

머리말 … 10

암각화가 뭐예요? … 12

산타할아버지의 선물, 반구대 암각화 … 16

반구대 암각화에는 무엇이 새겨져 있나요? … 20

고래를 사냥하는 사람들 … 22

사냥을 하고 제사를 지냈어요 … 26

반구대 암각화에 또 어떤 동물이 있나요? … 28

사슴 … 30

고양잇과 동물 … 31

갯과 동물 … 32

멧돼지 … 33

거북이 … 34

반구대 암각화에 어떤 고래가 있나요? … 36

고래에 대해서 좀 더 살펴 볼까요? … 37

새끼를 업은 귀신고래 … 38

물을 뿜는 고래 … 40

점프하는 고래 … 42

고래 주위에 모여든 바닷새 … 44

반구대 암각화를 새긴 사람들은 어떻게 살았을까요? … 46

사람들은 언제부터 농사를 짓기 시작했나요? … 50

청동기 시대 사람들은 어떤 암각화를 그렸나요? … 54

다른 나라에도 암각화가 있나요? … 58

암각화를 찾아 세계 여행을 떠나요 … 59

색인 … 60

머리말

    우리는 흔히 세상에서 가장 오래된 그림으로 라스코나 알타미라 같은 구석기 시대 동굴 벽화를 떠올리게 됩니다. 빙하 시대에 살던 사람들이 동굴 벽과 천장에 들소와 말, 매머드와 같은 환상적인 동물을 그려 두었기 때문입니다. 매서운 추위 속에서 살아야 했던 구석기인들은 동굴을 아주 신성한 장소로 여겼던 것 같습니다. 그러나 대부분의 선사 시대 사람들은 어두운 동굴보다 밝은 곳에 있는 바위를 더 좋아했습니다. 오랜 진화과정을 통해 미술적 재능을 갖게 된 인간들이 바위를 캔버스로 삼아 그들의 바람을 담기 시작한 것입니다.

    우리나라에서는 약 30여 곳의 암각화가 발견되었습니다. 그중에서 반구대 암각화는 거대한 고래를 사냥하고 숭배했던 사람들의 이야기를 담고 있는 인류 최초의 기록 유산으로 평가되고 있습니다. 반구대 암각화에 담겨진 신화는 우리나라뿐만 아니라 쿠릴 열도와 캄차카 반도, 베링 해를 넘어 북아메리카 대륙의 캘리포니아에 이르는 선사 시대의 독특한 해양 문화와 맞닿아 있습니다. 이곳 사람들은 고래나 물개 같은 바다짐승을 사냥하고 계절에 따라 회유하는 물고기를 잡아 생활해 온 공통분모가 있기 때문입니다.

우리 아이들이 자라는 모습을 보면 무척 흥미롭습니다. 걸음마를 뗄 무렵이면 집안 곳곳에 의미를 알 수 없는 낙서를 하기 시작합니다. 그러다 말을 하게 되면서 그림에 제법 그럴듯한 이야기를 담게 되지요. 어쩌면 아이들 눈에는 암각화가 그 어떤 과학적인 연구보다도 당시의 신화에 더 가까이 다가가 있을지도 모릅니다. 선사 시대 신화를 공감하기에는 우리 어른들의 상상력이 너무 빈약하다는 생각이 들기 때문입니다. 이 책은 호기심 많은 딸 준아에게 들려주었던 이야기를 묶은 것입니다. 딸애가 함께 상상의 나래를 펼치지 않았다면 이야기보따리를 풀어 볼 엄두조차 내지 못했을 것입니다. 이 작은 이야기책을 통해서 우리 아이들과 함께 아득히 먼 옛날 사람들의 삶과 예술을 조금 더 이해할 수 있었으면 하는 바람을 가져 봅니다.

이상목
울산암각화박물관장

암각화가 뭐예요?

　암각화는 '바위에 새긴 그림'이라는 뜻이에요. 여러분도 종이나 다른 물건에 그림을 그리지요? 옛날엔 종이가 없었기 때문에 바위에 그림을 그렸어요.
　암각화의 '암'은 바위, '각'은 새기다, '화'는 그림이란 뜻의 한자예요. 그래서 암각화를 바위그림이라고도 하지요.
　바위그림에는 그림을 새긴 암각화도 있지만 물감으로 그린 암채화도 있어요.
　문자를 알지 못했던 선사 시대 사람들은 자신들의 바람을 새긴 바위를 매우 소중하게 생각했답니다. 암각화 속에는 아득한 옛날의 신비로운 이야기도 담겨 있고, 신기한 힘을 가진 것으로 믿었던 무늬도 있어요. 그러나 너무나 오래전 그림이라 아직 그 비밀을 모두 풀지 못했어요. 그래서 고고학자들이 열심히 암각화를 연구하고 있답니다.

+ 바위그림에 대해서 좀 더 알아볼까요?

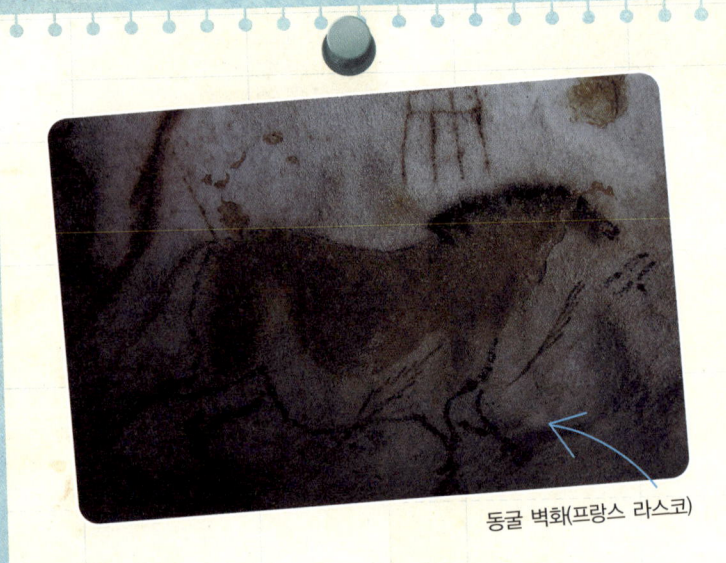

동굴 벽화(프랑스 라스코)

바위그림은 어두운 동굴 속에 그려진 동굴 벽화와 달리 동굴 밖 바위에 그린 그림을 말합니다. 선사 시대 사람들은 동굴 벽이나 천장에 그림을 그리기도 했지만 야외 바위에도 그림을 그렸답니다. 바위그림에는 암각화와 암채화가 있어요.

암각화는 바위에 새긴 그림입니다. 단단한 돌망치로 바위에 직접 새기거나 뾰족한 정 같은 도구를 사용하기도 했어요. 그림을 새기는 방법은 쪼거나 긋기, 갈기, 돌려 파기가 있어요. 암각화를 돋보기로 자세히 들여다보면 어떤 방법으로 새긴 것인지 알 수 있답니다.

암각화(이탈리아 발카모니카)

암채화는 바위에 물감을 사용해 그린 그림입니다. 암채화는 오랜 시간 비바람을 맞게 되면 그림이 지워집니다. 그래서 움푹 파인 바위 그늘처럼 비바람을 맞지 않는 곳에서 암채화가 많이 발견됩니다.

암채화에 사용된 물감으로 붉은색은 붉은색 황토, 검은색은 숯이나 망간, 흰색은 석회암이나 고령토처럼 색깔 있는 흙들을 많이 사용했어요. 이런 물감에 물이나 동물의 피, 기름, 오줌, 새알을 섞어 이용했답니다. 풀이나 꽃으로 만든 물감을 쓰기도 했지만 이런 물감은 오래 잘 남아 있지 않았어요.

암채화(에스파냐 티이어링)

산타할아버지의 선물, 반구대 암각화

울산 대곡천 깊은 골짜기에 거북이가 엎드린 모습을 한 반구대라는 절벽이 있어요. 오래전부터 아름다운 경치에 반한 사람들이 이곳을 찾아와 제사를 지내고 그림을 그리고 시를 지었답니다.

1970년 12월 24일, 문명대 교수는 원효 대사가 머물렀던 반고사라는 절터를 찾기 위해 반구대로 왔습니다. 안타깝게도 반구대 아래 골짜기는 댐이 지어져 이미 물속에 잠겨 있었어요.

문명대 교수는 그때 크게 실망했어요. 최경환이란 마을 노인이 계곡을 따라 올라가면 그림이 새겨진 바위가 있다고 말해 주었어요.

정말 그곳에 가 보니 신라 화랑과 왕족들이 새긴 글씨와 **둥근 무늬, 마름모, 지그재그 무늬**가 빼곡하게 새겨진 바위가 있었어요. 바

천전리 암각화 발견 당시 사진

천전리/암각화

로 천전리 암각화였어요. 천전리 암각화는 우리나라에서 처음으로 발견된 암각화입니다.

   이듬해 12월 25일, 문명대 교수는 김정배, 이융조 교수와 함께 다시 반구대를 찾았어요. 마을 사람들이 물속에 잠긴 다른 암각화가 있다고 했기 때문에 이번에는 그곳을 가 보기로 마음먹고 있었습니다. 배를 빌려 타고 계곡의 바위를 찬찬히 살피면서 내려가다 보니 물 밖으로 드러난 거대한 절벽이 눈에 들어왔어요. 순간 '저기에 암**각화가 있을지도 모르겠다!**' 는 생각이 들어 뱃머리를 돌려 다가갔어요.

   놀랍게도 그곳에는 **벌거벗은 사람**과 **호랑이**, **고래**, **사슴**과 같은 수많은 동물이 바위에 가득 새겨져 있었답니다. 크리스마스에 반구대 암각화가 발견된 것이에요.

반구대 암각화에는 무엇이 새겨져 있나요?

반구대 암각화에는 지구상에 가장 오래된 고래잡이를 하는 모습이 새겨져 있답니다. 반구대 암각화가 발견되기 전까지는 선사 시대 사람들이 배를 타고 거대한 고래를 잡았을 것으로 생각하지 못했어요. 반구대 암각화는 인류 최초의 고래 유적으로 우리나라뿐만 아니라 다른 나라 사람들도 아주 소중하게 생각한답니다.

바위에 새겨진 그림들을 하나씩 자세히 살펴보도록 할까요.

반구대 암각화에는 많은 동물들이 숨어 있어요!

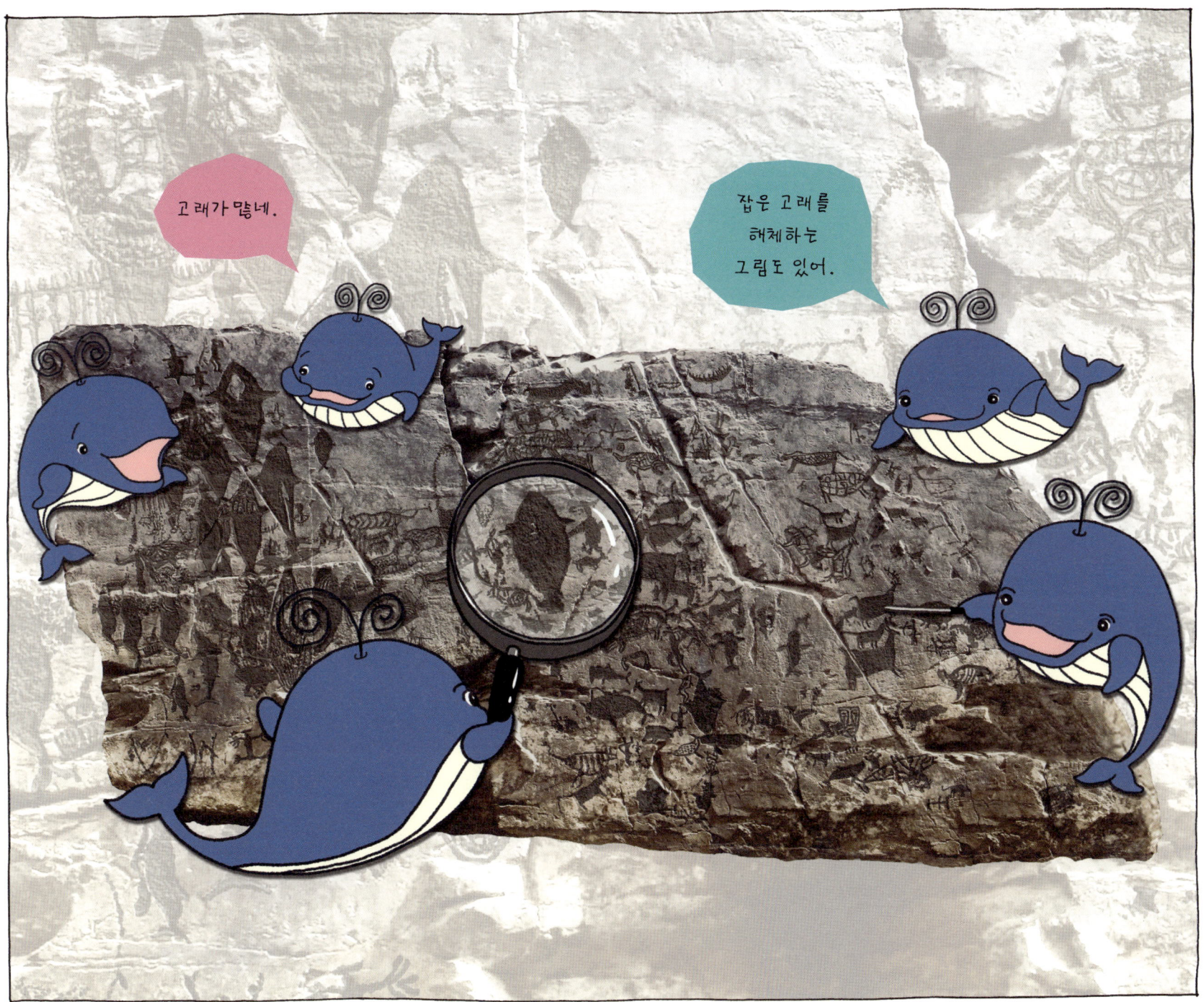

고래를 사냥하는 사람들

반구대 암각화에는 배를 타고 고래를 사냥하는 그림이 여럿 있어요. 초승달처럼 생긴 배를 타고 작살과 부구를 이용해 큰 고래를 잡고 있는 모습을 볼 수 있어요. 작살은 물고기를 잡을 때 쓰는 창이고, 부구는 물개 가죽에 바람을 불어 넣어 물에 뜨도록 만든 물건이에요. 부구와 작살을 이용하면 큰 고래도 힘들이지 않고 잡을 수 있어요.

+ 고래는 어떻게 잡았을까요?

아직도 전통적인 방법으로 고래를 잡는 원주민들이 살고 있어요. 북극에 살고 있는 이뉴잇들은 동물 가죽으로 만든 카누를 타고 작살과 부구를 이용해서 고래나 물개를 사냥합니다.

북태평양의 알류트 부족은 작살에 독을 바르기도 해요.

알래스카 이뉴잇들의 고래 사냥

일본 홋카이도의 아이누 부족은 그물을 이용했답니다. 큰 고래를 잡기 위해서는 뛰어난 전통 기술이 있어야 해요. 사람들은 고래에 작살을 꽂으면 밧줄을 풀어놓고 서서히 고래가 지칠 때까지 기다립니다. 줄에 매달린 부구는 잡은 고래의 힘을 빼고 고래를 끌어오기 위해서 사용하는 도구예요.

반구대 암각화에서도 고래 사냥 기술을 알 수 있는 그림을 볼 수 있답니다.

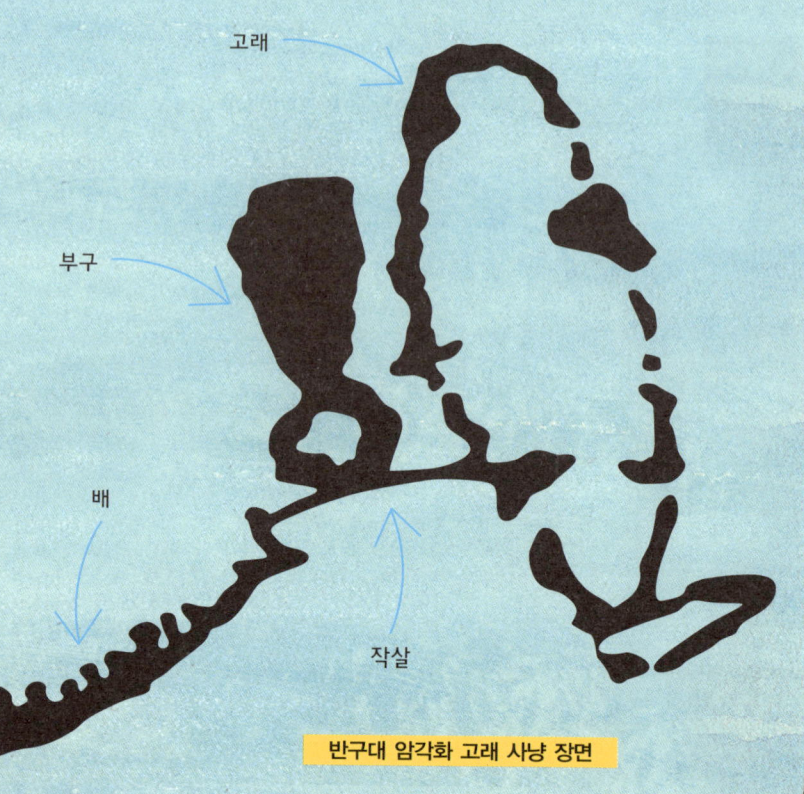

반구대 암각화 고래 사냥 장면

✚ 잡은 고래는 어떻게 나누었을까요?

북아메리카에 살고 있는 마카 부족은 60명에서 80명 정도의 사람들이 배를 나눠 타고 고래 사냥을 합니다. 거의 모든 마을 남자들이 사냥에 참가하고 잡은 고래는 전통적인 방식으로 나눕니다.

고래 그림에서 ①은 첫 번째 작살을 던진 선장, ②는 첫 번째 작살을 던진 배를 탄 사람, ③과 ④는 두 번째와 세 번째 배에 탑승한 사람, ⑤와 ⑥은 네 번째와 다섯 번째 배를 탄 사람, ⑦과 ⑧은 여섯 번째와 일곱 번째 배를 탄 사람, ⑨ 몸통부분은 여덟 번째 배를 탄 사람, ⑩ 머리는 나머지 사람들에게 분배하고, ⑪과 ⑫, ⑮는 마을 축제와 제사를 지낼 때 사용하기 위해 남겨 두고,

⑬과 ⑭의 고래 생식기는 고래 사냥을 지휘하는 우두머리 작살꾼이 부족의 제사장에게 바칩니다.

한 번의 고래잡이로 20톤에 이르는 큰 고래를 잡기도 하는데, 이때 뼈를 발라낸 고기는 10톤가량이 됩니다.

고래 한 마리로 부족의 모든 사람들이 겨울을 날 수 있을 만큼 많은 양입니다.

북아메리카 마카족의 고래 분배 장면

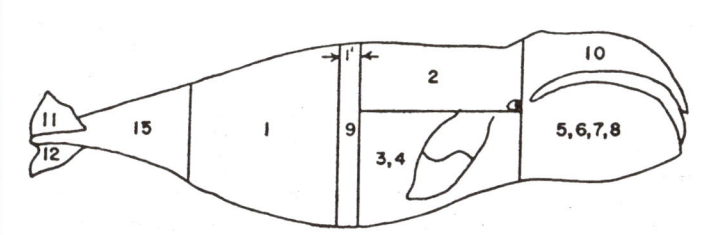

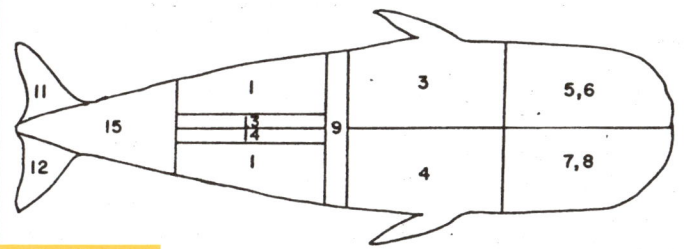

반구대 암각화에 새겨진 고래 분배 모습

사냥을 하고 제사를 지냈어요

고래처럼 덩치가 큰 동물을 잡으려면 많은 사람들의 도움이 필요해요. 그래서 함께 잡은 동물은 공평하게 나눠야 했어요. 반구대 암각화에 배를 뒤집고 있는 죽은 고래의 그림이 있어요. 고래의 몸통에 그려진 줄무늬는 북아메리카 원주민들의 고래 분배선과 매우 닮아 있어요. 아마도 큰 고래를 잡은 날은 마을에 잔치가 벌어졌을 거예요.

반구대 암각화에는 활을 들고 **사슴을 사냥하는 사람, 피리를 부는 사람, 두 손을 들고 있는 사람, 양팔을 벌리고 있는 사람, 가면처럼 얼굴만 새겨진 그림**이 있어요. 아마도 신화 속의 영웅이나 제사를 지내는 사람의 모습을 그린 것이겠지요.

반구대 암각화에 또 어떤 동물이 있나요?

반구대 암각화에는 고래뿐만 아니라 많은 다른 동물들이 있어요. **거북이**와 **물개**, **물고기**, **새** 같은 바다 동물들과 **백두산사슴, 꽃사슴, 노루, 고라니, 호랑이, 표범, 늑대, 여우, 너구리, 멧돼지**와 같은 육지 동물이 있답니다.

바다 동물은 바위 왼쪽에, 육지 동물은 오른쪽에 많이 새겨져 있어요. 마치 동물도감처럼 동물을 아주 자세하게 표현하고 있답니다.

동물은 머리와 몸의 생김새, 뿔, 털 무늬와 반점, 다리와 꼬리를 자세히 관찰해 보면 어떤 동물인지 알 수 있어요.

호랑이는 머리가 둥글고 몸에 줄무늬가 있지만 표범은 몸에 반점이 있지요. 이런 동물들은 고양이를 닮았어요.

여우는 꼬리가 길고 입이 뾰족하며 늑대는 귀가 쫑긋해요. 이런 동물들은 개처럼 생겼어요.

꽃사슴은 몸에 반점이 있고 백두산사슴은 큰 뿔이 있어요. 산양 머리에 난 작은 뿔이 반달처럼 뒤로 굽어 있어요. 노루는 엉덩이가 둥글고 고라니는 엉덩이가 납작해요.

새끼 멧돼지는 몸에 줄무늬가 있고 어른 멧돼지는 줄무늬가 없어요.

긴 부리에 물고기를 물고 있는 바닷새는 먹이를 먹으려고 고래 주위에 몰려든 가마우지처럼 생겼어요.

반구대 암각화에 새겨져 있는 동물들

사슴

사슴 암각화

사슴은 선사 시대 사람들의 가장 중요한 식량일 뿐만 아니라 뼈와 뿔, 가죽은 생활에 필요한 도구를 만드는 재료로 쓰임새가 많은 동물이었어요.

사슴은 아름다운 뿔을 가지고 있어요. 백두산사슴과 우수리사슴은 수컷에게서만 뿔이 자란답니다. 사슴의 뿔은 마치 나뭇잎처럼 겨울이 되면 떨어지고 봄에 새 뿔이 자라요. 나이가 들수록 뿔이 점점 더 크게 자라지요. 무리에서 뿔이 가장 크고 화려한 사슴이 우두머리가 된답니다.

반구대 암각화에 새겨진 사슴류 동물

고양잇과 동물

무서운 호랑이와 표범은 고양이처럼 생겨서 고양잇과 동물이라고 해요. 우리나라에서는 스라소니, 살쾡이, 표범, 호랑이와 같은 고양잇과 동물들이 살았어요. 고양잇과 동물은 몸매가 날씬하고 아름다운 털을 갖고 있어요. 그래서 사람들은 그 가죽을 구하려고 사냥을 했답니다. 지금은 그 동물들이 거의 사라져 동물원에 가야 볼 수 있어요.

고양잇과 동물들은 다른 동물을 잡아먹고 사는 육식동물이에요. 반구대 암각화에서도 호랑이와 표범을 볼 수 있어요. 신석기 시대 사람들은 이런 무서운 동물을 잡아먹지 않고 종교적으로 숭배한 것으로 보여요.

단군신화에서도 호랑이와 곰 이야기가 있고, 절에 가면 산신령이 호랑이와 함께 있는 그림도 볼 수 있잖아요. 우리 조상들은 용맹한 호랑이를 무척 좋아했나 봐요.

고양잇과 동물

호랑이 암각화

갯과 동물

늑대와 여우는 개와 생김새가 닮았지요. 그래서 이런 동물을 갯과 동물이라고 해요. 우리나라에서는 여우와 늑대, 너구리, 승냥이와 같은 갯과 동물이 있어요. 고양잇과 동물처럼 육식동물이며, 생김새는 다리가 길고 꼬리가 짧고 털이 풍성해요. 코가 발달해서 냄새를 잘 맡고 주둥이가 길고 뾰족하게 생겼답니다.

늑대는 개처럼 생겼지만 귀가 항상 쫑긋하게 서 있답니다.

여우는 뒷발 길이의 3배 정도의 긴 꼬리를 갖고 있어요.

너구리는 머리는 작고 주둥이가 뾰족하며, 꼬리는 굵고 짧으며 다리가 가늘어요. 반구대 암각화에서 갯과 동물을 찾아보세요.

늑대 암각화

갯과 동물

멧돼지

반구대 암각화에서는 어미와 새끼 멧돼지를 볼 수 있어요.

멧돼지는 눈이 매우 작고 귀는 빳빳이 서 있으며, 목과 다리가 굵고 꼬리가 가늘답니다. 봄에 태어난 새끼는 몸에 세로줄 무늬가 있어요. 다른 맹수로부터 몸을 보호하기 위해 보호색을 갖고 태어나지만, 자라면서 점점 줄무늬가 희미해져요.

멧돼지

멧돼지 암각화

거북이

반구대 암각화에는 세 마리 거북이를 부르고 있는 사람이 그려져 있어요. 거북이는 등에 딱딱한 껍질이 있고 짧은 다리를 갖고 있어요. 물과 땅을 오가며 살아가기 때문에 사람들은 신의 소리를 전해 주는 메신저로 여겼답니다.

옛날 가락국에 백성을 다스릴 만한 왕이 없었어요. 어느 날 구지산에서 이상한 목소리가 들려 사람들이 달려갔어요. 그런데 사람은 보이지 않고 "하늘이 내게 명하여 이곳에 나라를 세우고 임금이 되라고 해서 여기에 왔노라. 너희들은 봉우리 흙을 파서 모으면서 노래하여라."라는 소리가 들려왔어요. 사람들은 "거북아, 거북아, 머리를 내어라. 안 그러면 구워 먹으리." 하고 함께 노래를 부르자 하늘에서 황금 알이 든 상자가 내려왔어요. 알에서 깨어난 아이가 자라서 가야의 시조 김수로 왕이 되었답니다. 이 이야기는 반구대 암각화보다 수천 년이 지난 뒤의 기록이지만, 오래전부터 우리 조상들이 거북이를 아주 신성한 동물로 생각했다는 것을 알 수 있어요.

거북이 암각화

반구대 암각화에 어떤 고래가 있나요?

반구대 암각화에는 고래가 58마리나 새겨져 있어요. 물을 뿜고 있는 **북방긴수염고래**, 가슴지느러미가 아주 큰 **혹등고래**, 새끼를 업고 있는 **귀신고래**, 물 밖으로 힘차게 점프하는 **참고래**, 머리가 아주 큰 **향유고래**도 있답니다. 향유고래는 이빨고래 중에서 가장 큰 고래랍니다. 신석기 시대 사람들은 한눈에 어떤 고래인지 알 수 있을 만큼 자세하게 바위에 새겨 두었답니다. 이런 그림들은 고래를 가까이에서 보지 않으면 알 수 없는 모습들이에요.

반구대 암각화에는 귀신고래, 참고래, 향유고래가 새겨져 있어요.

고래에 대해서 좀 더 살펴볼까요?

    고래의 생김새는 물고기와 닮았지만 몸이 따뜻하고 어미가 새끼를 낳아 젖을 먹여 기르는 해양 포유류랍니다. 그래서 물 밖에서 숨을 쉬고, 꼬리지느러미가 가로로 달려 있어요. 대부분 물고기들 꼬리지느러미는 세로랍니다.

    작은 돌고래들은 이빨을 가지고 있는 이빨고래이고, 큰 고래들은 대부분 이빨 대신 수염을 갖고 있는 수염고래랍니다.

    수염고래는 입을 크게 벌려 물속에 있는 플랑크톤이나 크릴새우를 삼키고 수염으로 걸러서 먹습니다.

    고래는 지구에서 가장 큰 동물로 공룡보다도 더 크답니다. 그래서 오랫동안 사람들은 고래를 무섭고도 신비로운 동물로 생각해 왔답니다.

    우리 조상들이 아주 오래전 바다에서 고래를 사냥하고 고래의 모습을 자세하게 암각화로 그렸다는 것은 정말 대단한 일이에요.

새끼를 업은 귀신고래

고래는 바다에서 살고 있지만 우리 인간들처럼 허파로 숨을 쉬고, 새끼를 낳아 젖으로 기르는 젖먹이 동물이랍니다. 어미 고래는 새끼 고래 곁에 머물면서 젖을 물리거나 등에 업고 다니기도 한답니다. 새끼를 낳는 어미 고래가 지치면 아빠 고래와 친구들이 힘을 합쳐 도와주기도 하고, 어미는 사냥꾼에게 새끼가 잡히면 그 자리에 맴돈다고 해요.

옛날 중국 책에는 "어미 고래가 새끼를 낳고 미역을 뜯어 먹는 것을 본 고려 사람이 산모에게 미역국을 먹였다."라는 기록이 남아 있어요.

오래전부터 우리 조상들이 고래를 매우 친근하게 생각했던 것을 알 수 있어요. 반구대 암각화에서도 새끼를 업은 어미 고래를 볼 수 있답니다.

반구대 암각화에 새겨져 있는 어미와 새끼 고래

물을 뿜는 고래

고래가 물 밖으로 나와 공기를 뿜어내는 것을 분기라고 해요. 고래가 숨을 쉴 때 콧구멍에 고여 있던 물이 분수처럼 솟아오른답니다.

그러나 돌고래처럼 작은 고래는 숨을 짧게 쉬기 때문에 우리 눈으로 분기하는 모습을 볼 수가 없어요. 큰 고래가 물을 뿜어내는 모습은 멀리서도 어떤 고래인지 알 수 있답니다.

북방긴수염고래, 보리고래, 귀신고래, 혹등고래는 물줄기를 V자처럼 뿜어내요. 대왕고래와 참고래는 위쪽으로, 머리가 아주 큰 향유고래는 앞으로 물을 뿜어냅니다.

반구대 암각화에는 옆으로 나란히 새겨진 세 마리의 북방긴수염고래를 볼 수 있어요. 물을 뿜어낸 다음 큰 입을 벌려 물을 삼키고 다시 물을 뿜어내는 분기 장면은 마치 살아 있는 고래처럼 생동감 있게 표현되어 있어요.

반구대 암각화에 새겨져 있는 물을 뿜는 고래

점프하는 고래

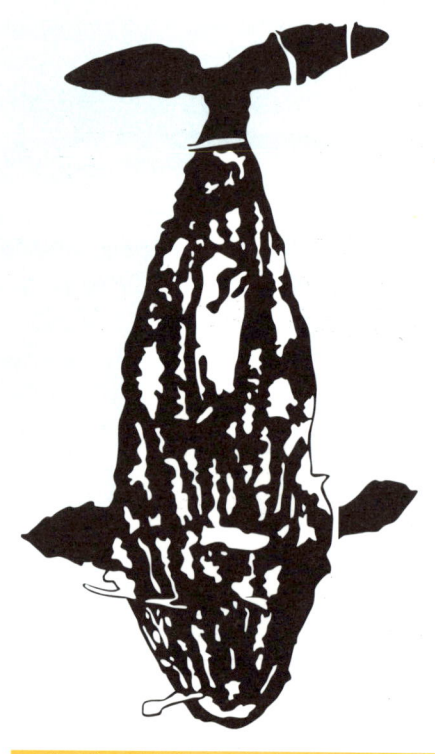

반구대 암각화에 새겨져 있는 점프하는 고래

고래가 물 밖으로 점프하는 것을 브리칭이라고 해요.

고래를 연구하는 동물학자들도 고래가 왜 물 밖으로 뛰어오르는지 정확한 이유를 밝혀내지 못하고 있어요. 어떤 사람들은 다른 고래에게 신호를 보내는 것으로 생각하고, 또 어떤 사람은 몸에 붙어 있는 조개를 떼어내려고 하는 것이라고 해요. 고래가 물 위를 뛰며 놀고 있는 것이라고 생각하는 사람도 있어요.

반구대 암각화에도 거대한 고래 한 마리가 배를 뒤집고 곤두박질치는 그림이 새겨져 있어요.

배에 주름이 있는 고래를 노르웨이 사람들은 밭고랑과 닮았다고 해서 러퀄 고래라고 한답니다. 러퀄은 노르웨이 말로 밭고랑이란 뜻이에요.

고래가 물을 삼켜 배가 불룩해지면 주름 근육으로 다시 물을 뱉어내면서 물속에 있던 작은 먹이들이 수염에 걸러진답니다.

고래 주위에 모여든 바닷새

　반구대 암각화에는 고래 주위에 모여든 바닷새를 볼 수 있어요. 날개 깃털도 있고 어떤 새는 부리에 물고기를 물고 있어요. 고래는 바다에 사는 크릴, 새우, 오징어, 작은 물고기를 먹고 살아요. 고래가 먹이를 잡을 때는 무리를 지어 사냥을 해요. 혹등고래는 여러 마리가 물속에 들어가 공기 방울로 그물을 만들기도 한답니다. 그러다가 먹이가 한 곳으로 모이면 큰 입을 벌려 물을 삼켜 버린답니다. 그때 먹이를 먹으려고 바닷새들이 고래 주위에 모여든답니다.

반구대 암각화에 새겨져 있는 고래와 바닷새

반구대 암각화를 새긴 사람들은 어떻게 살았을까요?

동물 사냥

그물과 작살로 물고기를 잡는 모습

반구대 암각화는 언제 새겨졌을까요? 바위에 새겨진 그림만으로 자세하게 알 수는 없어요. 하지만 그림 속에 중요한 힌트를 찾을 수가 있어요.

반구대 암각화에는 배를 타고 작살과 부구를 이용해 큰 고래를 사냥하는 그림을 볼 수 있어요. 그리고 그물 덫으로 호랑이를 잡고 활로 사슴을 사냥하는 그림도 있지요. 강 주위에 나무 울타리를 만들어 물고기를 잡거나 가면 같은 얼굴 그림도 있어요.

고고학자들이 그림 속에 있는 물건들을 신석기 시대 조개무지에서 찾아내었답니다. 조개무지는 선사 시대 사람들이 남긴 쓰레기장이에요. 이곳에 사람들이 먹고 버린 조개껍데기와 동물 뼈, 쓰다 버린 물건들이 쌓여 있어요.

땅속에서는 금방 썩어 버리는 물건들도 조개더미에 묻히게 되면 오랫동안 남아 있을 수 있게 된답니다.

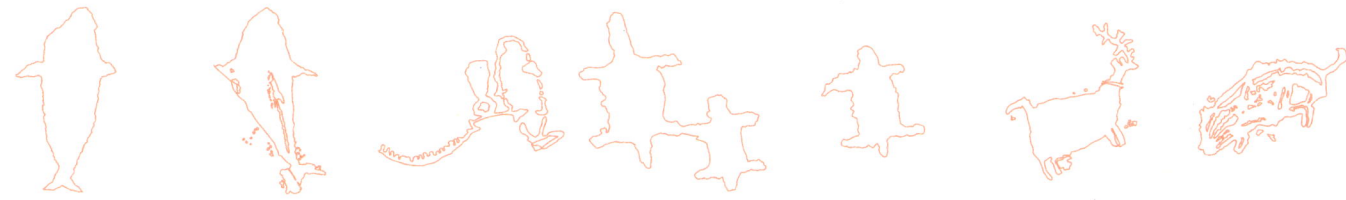

조개무지를 보면 우리나라 신석기 시대 사람들은 여름과 가을에는 물고기를 잡거나 사슴 같은 동물들을 사냥하고, 도토리와 나무 열매를 채집한 것을 알 수 있어요. 먹을 것이 부족한 겨울에서 봄까지는 바다에 나가 고래나 물개 같은 동물을 사냥하고 조개를 채집해서 살았답니다. 움집을 짓고 토기와 돌도끼, 맷돌, 망태기를 사용하고 도토리를 보관했던 것을 보면 사람들이 한 곳에 머물면서 생활했다는 것을 알 수 있어요.

산이나 들에서 먹을 것을 채집

더 많은 음식을 얻기 위해 제사를 지내기도 했지.

많은 사냥감을 얻기 위해 암각화를 그리고 제사를 지내는 모습

+ 조개무지란?

바닷가나 강 주변에 살던 선사 시대 사람들이 먹다 버린 조개껍데기가 쌓여 만들어진 유적을 조개무지라고 해요. 조개가 쌓인 모양이 무덤처럼 생겼다고 해서 패총이라고도 한답니다. 신석기 시대 사람들은 조개를 중요한 식량으로 삼았어요. 조개껍데기에는 석회질이 많아서 함께 묻힌 동물 뼈나 유물들이 썩지 않고 오랫동안 잘 남게 된답니다.

			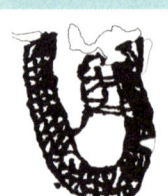	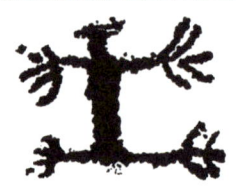
배 그림	작살 맞은 고래	사람 얼굴	호랑이와 그물	사지를 벌린 여인상

창녕 비봉리 배	울산 황성동 작살 맞은 고래 뼈	부산 동삼동 조개 가면	부산 동삼동 그물문 토기	울산 신암리 비너스

+ 고래 사냥을 계속해도 될까요?

인간들의 무분별한 사냥과 환경오염으로 바다에서 고래가 사라지고 있어요. 대포를 이용해 마구잡이로 고래를 잡고 있는 상업 포경업자들 때문이에요. 이들은 고래의 기름으로 비누나 화장품을 만들고 가로등을 밝히는 데 사용했답니다.

국제 환경 단체들은 고래의 멸종을 막기 위해 상업포경을 즉시 멈출 것을 요청했어요. 그래서 1986년부터는 고래잡이를 법으로 금지하게 되었답니다. 그러나 원주민들의 전통적인 고래잡이는 마리 수를 정해서 조금만 잡도록 했어요.

미국 캘리포니아 고래를 사냥하는 원주민 마을에서 있었던 일이에요.

어느 날 고래 사냥을 나서는 원주민들을 막기 위해 환경 단체 사람들이 나타나 소리쳤어요.

"고래를 더 이상 잡지 마라! 당신들 때문에 바다에서 고래가 사라지고 있다."

그러자 원주민 추장이 대답했어요.

"고래는 우리에게 생명을 주는 어머니와 같다. 우리가 어떻게 어머니를 멸종시키려고 하겠느냐. 바다에서 고래가 점점 사라지고 있는 것은 고래의 신성함을 이해하지 못한 탐욕스러운 인간들 때문이다."

여러분들은 고래 사냥에 대해 어떻게 생각하나요?

사람들은 언제부터 농사를 짓기 시작했나요?

우가우가 열심히 우가

지구상에 어떤 지역에서는 사람들이 아주 일찍부터 농사를 짓기 시작했어요. 아시아와 유럽 대륙 사이에 있는 중동 지역 사람들은 일만 년 전부터 밀과 보리를 길렀답니다. 지금은 사막으로 변해 버렸지만 옛날에는 농사를 짓기에 아주 좋은 땅이었어요.

아메리카 대륙 멕시코에서는 옥수수와 콩을, 중국에서는 벼를, 중앙아시아와 인도에서는 조와 수수를 아주 이른 신석기 시대부터 기르기 시작했어요.

우리나라 신석기 시대 사람들은 농사보다는 사냥과 채집을 더 중요하게 여겼던 것처럼 보여요.

신석기 시대가 끝날 무렵부터 우리나라에서도 농사를 짓는 사람들이 차츰 생겨나게 됩니다. 바닷가에 머물던 사람들도 내륙으로 들어와 농사를 지으면서 큰 마을들이 생겨났고 고인돌을 세우는 청동기 시대가 시작되었어요. 이때부터 사냥과 채집보다 농사가 더 중요한 생활 수단이 되었어요.

청동기 시대 바닷가에 조개무지를 만들지 않은 것을 보면 바다에서 고래잡이를 더 이상하지 않았던 것 같아요. 청동기 시대 사람들은 반구대 암각화와 전혀 다른 그림을 바위에 새겼답니다.

✤ 선사 시대에 대해서 좀 더 알아볼까요?

    선사 시대는 문자가 없는 시대를 말한답니다. 문자 기록이 남아 있는 때를 역사 시대라고 하지요. 덴마크 톰센이란 사람이 박물관에 고대 유물을 전시하면서 재질에 따라 돌과 청동, 철로 나눴어요. 이때부터 고고학자들은 시대를 석기 시대, 청동기 시대, 철기 시대로 구분하게 되었어요.
    돌을 깨서 만든 뗀석기를 사용한 시대를 구석기 시대, 돌을 갈아서 만든 간석기를 사용한 시대를 신석기 시대라고 해요.
    사람들은 왜 도구를 다르게 만들었을까요? 기술이 발달하고 살아가는 방법이 달라졌기 때문이에요. 추운 빙하기가 끝나고 기후가 차츰 따뜻해지면서 초원에 숲이 우거지자 무리지어 다니는 순록이나 매머드 같은 동물들이 사라졌어요. 이런 동물을 사냥하는 구석기 시대가 끝나고 새로운 신석기 시대가 시작된 것입니다.

어떤 지역에서는 일찍부터 농사를 짓거나 가축을 기르기도 했어요. 우리 조상들은 배를 만들고 바다에 나가 고래와 동물을 사냥하고 조개를 채집하는 뛰어난 해양 문화를 만들었답니다.

청동기 시대 사람들은 어떤 암각화를 그렸나요?

우리나라 청동기 시대 사람들은 농사를 짓고 큰 마을을 이루고 살았어요. 가을에 벼와 보리를 추수해서 저장하게 되면서 더 이상 먹을 것을 찾아 떠돌이 생활을 하지 않게 되었어요.

사람들이 한 곳에 모여 큰 무리를 이루게 되자 마을을 다스리는 우두머리가 나타났어요. 마을 사람들이 함께 농사를 짓고 수확한 식량을 공평하게 나누는 일을 맡아서 처리하려면 우두머리는 마을에서 가장 존경받은 사람이었을 거예요. 마을의 우두머리는 흔히 족장이라고도 하지요.

마을 족장은 마을에 사람이 죽으면 고인돌 무덤을 만들기 위해 사람들을 불러 모았어요. 그리고 해마다 농사가 잘되도록 하늘에 제사를 지냈기 때문에 제사장이라고도 불렀어요. 청동기 시대 유적에서는 족장이나 제사장이 사용한 것으로 보이는 여러 가지 유물들이 발견되었답니다. 유물에는 청동으로 만든 칼과 거울도 있고 몸을 치장하는 장신구도 있어요.

고령 봉평리 암각화

여수 오림동 암각화

포항 인비리 암각화

우리나라에서는 돌을 정성스럽게 갈아 만든 돌칼이 고인돌에서 아주 많이 발견된답니다. 그러나 청동으로 만든 칼이나 돌로 만든 칼은 생활에 사용할 수 있을 만큼 단단하지 않아요. 그래서 아마도 족장이나 제사장이 신성한 물건으로 사용하고 무덤에 넣은 것으로 보여요.

청동기 시대 사람들은 이런 칼과 칼 손잡이 그림이나 **동그란 무늬, 소용돌이무늬, 마름모무늬, 번개무늬, 물결무늬** 같은 그림을 바위에 새겼답니다. 이런 무늬는 농사짓는 사람들이 중요하게 생각하는 자연현상을 표현한 것으로 보여요.

반구대 암각화는 동물을 사냥하는 신석기 시대 사냥꾼들의 바람이 새겨져 있다면, 천전리 암각화나 다른 청동기 시대 암각화에는 농사꾼들의 바람이 담겨져 있어요.

울주 천전리 암각화

울주 천전리 암각화

함안 도항리 암각화

✚ 청동기 시대 암각화와 유물

우리나라에서 지금까지 발견한 암각화는 25곳 정도가 있어요. 해마다 새로운 암각화가 발견되고 있어 앞으로 훨씬 많은 암각화들이 발견될 거예요. 그러나 고래나 동물이 새겨진 신석기 시대 암각화는 반구대 암각화밖에 없답니다. 청동기 시대 암각화는 고인돌에서 발견된 것이 많답니다. 청동기 시대 암각화에는 칼과 칼 손잡이 그림이 새겨진 것이 가장 많고 둥근 무늬나 바위구멍이 새겨진 것도 있어요. 아래 사진에서 암각화에 새겨진 그림과 청동기 시대 유물을 비교해 보세요.

청동기 시대 암각화와 유물

+ 지중해에 살았던 옛사람들은
  단검을 비를 부르는 신성한 물건으로 여겼어요

지중해 신화에서 짧은 칼은 번개를 나타내는 도구로 그려지고 있어요. 그래서 하늘에서 비를 내리는 제우스는 손에 번개나 검을 들고 있는 모습을 하고 있답니다.

지금 이라크 지역에 있었던 고대 수메르 신화에서도 황소의 모습을 가진 바람과 비를 다스리는 '벨'이란 신이 있어요. 알프스 산꼭대기에 있는 몽베고 바위에는 수천 개의 소뿔과 검이 암각화로 새겨져 있답니다.

몽베고는 프랑스말로 산을 뜻하는 '몽'과 황소를 뜻하는 '베고'라는 말이 합쳐진 것으로 '황소 산'이란 뜻이에요. 아마도 농사를 짓기 위해서 비를 내리는 신들이 가장 중요했기 때문이겠죠.

재미있게도 우리나라 청동기 시대 암각화에도 칼이 새겨져 있어요. 그러나 아직까지 우리나라에서는 칼이 비를 내리는 신성한 물건이라는 증거를 찾아내지는 못했답니다. 여러분이 고고학자가 되어서 암각화에 숨겨진 비밀을 찾아보세요.

다른 나라에도 암각화가 있나요?

다른 나라에도 수없이 많은 암각화가 있답니다. 전 세계에 우리가 살고 있는 지구에는 40만 곳 정도의 암각화가 있을 것으로 짐작하고 있어요.

옛날에 사람들이 살았던 곳이라면 어디서나 암각화가 발견될 수 있어요. 그중에는 이미 발견한 암각화도 있지만 아직 찾아내지 못한 것이 훨씬 더 많답니다.

암각화가 선사 시대 그림이라는 사실을 알게 된 것은 얼마 되지 않았어요. 아직도 암각화를 바위에 새긴 낙서로 생각하고 바위를 깨트려 건물을 짓거나 그냥 버려두고 있는 곳도 있답니다.

암각화를 연구하는 고고학자가 한 명도 없는 나라도 있기 때문이에요. 그래서 유네스코에서는 암각화가 사라지는 것을 막기 위해 조사를 했답니다.

유네스코는 다른 나라의 문화를 이해하고 협력하기 위해 세계의 여러 나라가 힘을 합쳐 만든 국제기구랍니다. 유네스코에서는 160개 나라에서 7만 개 유적을 찾아 그중에 20개 나라 21곳을 세계문화유산으로 지정했어요. 우리나라의 반구대 암각화와 천전리 암각화도 등재될 수 있는 후보에 올려져 있어요. 세계문화유산 지정을 앞두고 있는 것을 보면 얼마나 중요한 암각화인지 알 수 있겠지요.

색인

ㄱ
가락국 34
가야 31, 34
간석기 52
고대 수메르 신화 57
고라니 28
고래 분배선 26
고령토 15
귀신고래 36, 38, 40
김수로 왕 34

ㄷ
단군신화 31
대왕고래 40

ㄸ
뗀석기 52

ㄹ
러퀄 42
러퀄 고래 42

ㅁ
마카 부족 25
매머드 52
몽베고 바위 57

ㅂ
바위그림 12, 14
반고사 16
반구대 16, 19,
반구대 암각화
16, 19, 20, 22, 24, 26, 28,
31, 32, 33, 34, 36, 38, 40,
42, 44, 46, 54, 55, 56, 58
백두산사슴 28, 30
북방긴수염고래 36, 40
브리칭 42
빙하기 52

ㅅ
선사 시대
12, 14, 20, 30, 46, 48, 52, 58

세계문화유산   58
수염고래   36, 37
스라소니   31
승냥이   32
신석기 시대
31, 36, 46, 47, 48, 50, 52, 55, 56

ㅇ
아이누 부족   24
알류트 부족   24
암각화   12, 14, 19, 55~59
암채화   12, 14, 15
우수리사슴   30
이뉴잇   24

이빨고래   36, 37

ㅈ
조개더미   46
조개무지   46, 47, 48, 50

ㅊ
참고래   36, 40
천전리 암각화   19, 55, 58

ㅋ
카누   24
크릴새우   37

ㅍ
패총   48

ㅎ
해양 포유류   37
향유고래   36, 40
혹등고래   36, 40, 44
홋카이도   24